Karlheinz Groß

Billy Backenzahn ist spitze!

Weitere Geschichten vom großen Wachhund, der immer lachte

Thienemann

Für Michael und Mehmed

CIP-Titelaufnahme der Deutschen Bibliothek

Groß, Karlheinz:
Billy Backenzahn ist Spitze / aufgeschrieben u. gezeichnet von Karlheinz Groß. – Stuttgart; Wien: Thienemann, 1988
ISBN 3-522-14300-0

Gesamtausstattung Karlheinz Groß
Schrift Times Antiqua
Satz Uhl + Massopust in Aalen
Reproduktionen Gölz Repro Service
in Ludwigsburg und Repro GmbH in Kornwestheim
Druck Gutmann + Co. in Heilbronn
Bindung Wilhelm Röck in Weinsberg

5 4 3 2 1

JNHALT

Die Angelpartie

Heute haben Herrchen, Frauchen und ich etwas Komisches geangelt, und das kam so:

Aufgeregt kommt Herrchen am frühen Nachmittag ins Haus gestürmt: »Elfi, Billy, seht mal, was ich in unserem Schuppen gefunden habe – die alte Angel von Onkel Friedhelm. Los, macht euch fertig, wir gehen an den Brummelsee, und ich fange uns einen großen Fisch für das Abendbrot!«

Frauchen holt zwei Klappstühle, bindet mir mein gelbes Halsband um und los geht's.

Bald sind wir an unserem Ziel angelangt. Herrchen kann es kaum erwarten, seine Angel auszuwerfen. Er setzt sich auf das kleine Klappstühlchen und ermahnt Frauchen und mich: »Seid bitte nicht so laut und bewegt euch nicht dauernd, ihr verjagt mir sonst die Fische.«

Der lächelt etwas verlegen, während Frauchen mir zuzwinkert: »Billy und ich gehen schon mal nach Hause, und machen die Bockwürstchen warm, falls du doch keinen Hecht fängst.«
»Hmm, Bockwürste schmecken fast so gut wie Hechtklößchen«, meint Herrchen und packt seine Angelsachen zusammen. »Morgen fange ich bestimmt einen riesengroßen Fisch, da brauchst du nichts zum Essen vorbereiten, Elfi«, sagt er hoffnungsvoll.
Als ich das höre, muß ich schon wieder ein bißchen lachen.

Benni und Wolfgang

Heute habe ich einem Freund geholfen, und das kam so:
Nach dem Mittagessen nimmt Herrchen Halsband und Leine vom Haken und sagt zu mir: »Billy, ich will mir die neueste Sportzeitung an Oma Krämers Zeitungsbude kaufen. Während ich dann im Park lese, kannst du ja ein bißchen auf der nahe gelegenen Wiese herumtollen.«
Gesagt – getan. Herrchen kauft sich seine Zeitung und geht mit mir in den Stadtpark. Hier gibt es viele Blumen, Büsche, große Bäume und einen tollen Sandkasten, in dem oft Kinder buddeln oder Sandkuchen backen.
Heute entdecke ich nur den kleinen Benni dort, der mein Freund ist. Allein sitzt er im Sand und gräbt ein Loch mit seiner roten Schaufel.
Herrchen hat sich auf eine Parkbank gesetzt und

beginnt, seine Zeitung zu lesen, während ich zu Benni laufe, um ihn zu begrüßen.
Da ertönt hinter mir eine laute Stimme: »Na, Benni, du Flasche, hast wohl nur Pudding in deinen Armen? Wenn man dir so beim Buddeln zusieht, schläft man ja ein.« Es ist der dicke Wolfgang, der sich zu uns gesellt hat. Wolfgang gibt immer furchtbar an, obwohl er bloß ein halbes Jahr älter als Benni ist und nur vier Zentimeter größer.
Benni läßt sich von Wolfgang nicht ärgern, sondern erwidert ganz ruhig: »Du, Wolfgang, ich wette mit dir, daß ich ohne Schaufel schneller ein tieferes Loch graben kann als du mit der Schaufel. Wollen wir's probieren? Dann wird sich ja zeigen, wer hier mehr Pudding in den Armen hat.«
»Klar doch, Kleiner«, antwortet Wolfgang großspurig. Er nimmt die Schaufel, dreht sich um und zählt: »Eins, zwei, drei, auf die Plätze, fertig – los!«
Wild fängt er mit der Schaufel an zu buddeln. Aber Benni beginnt nicht zu graben, sondern

zwinkert mir nur zu. Da kapiere ich. Wie ein geölter Blitz fange ich mit meinen Vorderpfoten an zu graben, der Sand fliegt nur so durch die Gegend.

Da ich doch Weltmeister im Mauselochbuddeln bin, macht es mir richtig Spaß, meinem Freund Benni zu helfen. Endlich schimpft einmal niemand, wenn ich mit Sand und Dreck spritze und ein schönes, großes, tiefes Loch mache.
»Fertig!« ruft Benni vergnügt, als mein Loch tief genug ist.

»Das gibt's doch nicht«, keucht Wolfgang. Dicke Schweißperlen stehen auf seiner Stirn. Wütend und enttäuscht über seine Niederlage pfeffert er die Schaufel in den Sand.
»Na, wer hat denn nun Pudding in den Armen, Wolfgang?« neckt Benni und krault mich als Dankeschön zwischen den Ohren.
Als ich Wolfgangs belämmertes Gesicht sehe, muß ich schon wieder ein bißchen lachen. So schnell wird der mit Benni nicht wieder wetten.

Die Denkmalsenthüllung

Heute wurde ich für die Zeitung fotografiert, und das kam so:

Nach unserem Morgenspaziergang sagt Herrchen zu Frauchen: »Elfi, laß uns doch zur Denkmalsenthüllung in die Stadt gehen. Ich bin neugierig, was für ein Kunstwerk der Herr Bürgermeister und seine Stadträte für die Fußgängerzone gekauft haben. Wie man sich erzählt, soll es eine ziemlich moderne Plastik sein.«

Frauchen nimmt mir das Halsband gar nicht erst ab und sagt: »Na gut, aber Billy darf uns begleiten. Der war beim Spaziergang so brav, daß er ruhig mit uns in die Stadt gehen kann.«

Frauchen ist toll, immer denkt sie an mich. Ich habe das beste Frauchen der Welt, denke ich zufrieden, während wir in Richtung Stadtmitte gehen. Leider muß ich an der Leine laufen, da

noch mehr Leute zur Denkmalsenthüllung wollen.
Herrchen und Frauchen grüßen Bekannte, die sie unterwegs treffen, während mich die Kinder streicheln oder mit »Hallo, Billy Backenzahn« hinter den Ohren kraulen. Das habe ich besonders gerne.
Das Menschengewimmel wird immer dichter. »Das Interesse ist aber sehr groß, was, Elfi?« bemerkt Herrchen, während Frauchen gerade

Frau Kähling begrüßt. »Sag mal, Elfi, wie soll denn die Plastik heißen?« fragt er dann und schiebt sich an einem großen Mann mit Baskenmütze vorbei.
»Ich glaube, ›Die Freunde‹ – oder so ähnlich«, antwortet Frauchen.
»Autsch, das war mein Fuß«, höre ich da Herrchen stöhnen, »laß uns hierbleiben, Elfi, das Gedränge ist ja nicht zum Aushalten. Paß gut auf Billy auf, damit er keinen Quatsch macht bei diesem Gewühl.« Dann wendet er sich einem alten Bekannten zu, den er offensichtlich lange nicht gesehen hat.
Frauchen beugt sich zu mir herunter, macht die Leine los und flüstert mir ins Ohr: »Es ist bestimmt langweilig für dich, Billy, der Rede des Herrn Bürgermeister zuzuhören. Außerdem will die Blasmusik des Trachtenvereins noch ein Ständchen bringen. Du kannst ein bißchen rumschnüffeln, wenn du Lust hast, aber lauf nicht so weit weg, damit wir uns nicht verlieren.«
Erfreut mache ich mich auf den Weg, erst zu dem

Laternenpfahl, zur Litfaßsäule und danach an die Häuserecke von Frau Geigers Gemüseladen. Doch was entdecke ich da? Will sich doch gerade so ein dicker gelber Kater mit frechem Grinsen um die Ecke drücken. Na warte, Freundchen, du kommst mir gerade recht!
Mit einem mächtigen Satz stürze ich auf ihn los.

Doch der Dickmops ist flinker als ich erwartet habe. Flugs ist er zwischen den vielen Menschenbeinen verschwunden. Ich hinterher. Immer dichter wird das Gedränge und immer schwieriger die Verfolgung. Fast habe ich den Kater am Schwanz, doch mit einem riesigen Satz springt er unter einen weißen Vorhang – ich sofort hinterdrein.
»Ruhe! Ruhe! Seien Sie doch still, der Herr Bürgermeister will seine Rede halten!« höre ich einige Leute rufen.
Verdattert schaue ich mich um. Lauter Stangen und Klötze, und dicht neben mir sitzt der fette Kater. Der grinst gar nicht mehr so frech. Mir ist auch ein bißchen unheimlich. Wo bin ich nur? Und nirgends ist ein Ausgang zu entdecken. Was mache ich jetzt?
Da höre ich, wie gerade der Herr Bürgermeister sagt: ». . . und deshalb enthülle ich nun das Denkmal mit dem Namen ›Die Freundschaft‹.« Ein Rascheln und Flattern beginnt, mir wird immer ungemütlicher, dem Kater auch, und plötzlich springt er direkt auf meinen Kopf.

Um uns herum wird es plötzlich hell. Unzählige Menschen stehen da und starren uns an, erst staunend, dann lachend. Wir sind mitten auf dem Denkmal gelandet.
»Das ist wirklich gut getroffen!« und »Ein tolles Kunstwerk« rufen manche, andere klatschen sogar Beifall und der Zeitungsfotograf, Herr Drossel, macht ein Bild von uns.
Das finde ich so riesig, daß ich vor Stolz ein bißchen lachen muß. Ich glaube, der Kater auf meinem Kopf grinst auch.

Ein besonderes Geschenk

Heute habe ich Herrchen toll unterstützt, und das kam so:
Sehr früh am Morgen, die Sonne ist noch gar nicht richtig aufgegangen, kommt mein Frauchen vorsichtig die Treppe heruntergeschlichen. »Sei leise, Billy Backenzahn, weck Herrchen nicht auf, er hat nämlich heute Geburtstag, und ich will den Tisch besonders schön decken.«
Sie holt zwei Päckchen aus dem Schrank, schneidet im Garten eine Sonnenblume ab und stellt sie in einer Vase auf den Frühstückstisch. Gerade rechtzeitig, denn da kommt auch schon mein Herrchen gutgelaunt die Treppe herunter.
»Herzlichen Glückwunsch, Kalle, alles Gute zum Geburtstag«, gratuliert Frauchen und gibt Herrchen einen dicken Kuß.
»Mensch, ist der Tisch aber schön gedeckt, die

tolle Blume und zwei Geschenke, das ist aber lieb von dir, Elfi, vielen Dank!« Herrchen setzt sich und beginnt sofort, die Pakete auszupacken. Gespannt schaue ich ihm zu, was da wohl drin ist? Vorsichtig öffnet Herrchen die erste Schachtel, und zum Vorschein kommen gelbe Jogging-Schuhe.

»Ich hab mir gedacht, die passen gut zu deinem Trainingsanzug, Kalle«, erklärt Frauchen, während Herrchen sein zweites Geschenk auspackt. Es ist ein Buch. *»Zweiundzwanzig Blitzdiäten – Der richtige Weg zum schnellen Abnehmen – Von Marianne Speck-Laubinger«,* liest Herrchen und lächelt etwas gequält. Frauchen holt inzwischen den Kaffee aus der Küche.

»Eigentlich hatte ich mir ja einen Holsteiner Katenschinken und eine Nudelmaschine gewünscht, Billy«, erklärt mir Herrchen, »na ja, da soll ich wohl wieder einmal abnehmen,« und schiebt sich schnell eine Scheibe Jagdwurst in den Mund.

»Und was bekomme ich von dir zum Geburtstag, Billy Backenzahn?« fragt er nun mich. »Ein braver Hund hat doch bestimmt auch ein Geschenk für sein Herrchen.«

Was die Menschen sich immer vorstellen. Als ob wir Hunde in einen Fleischerladen gehen könnten und für unser Herrchen, das gerade Geburtstag hat, mal eben zwei Bockwürste kaufen könnten.

Nachdenklich trotte ich in den Garten, während Herrchen sich ein knuspriges Brötchen dick mit Leberwurst bestreicht. Angestrengt überlege ich, womit ich ihm eine Freude machen könnte. Etwas zum Essen hat er sich gewünscht – doch was könnte ich ihm da schenken? Einen Apfel, der vom Baum gefallen ist? Neee, den kann er sich selber holen. Hundekuchen mag er nicht. ... Ich hab's! Letzte Woche habe ich doch einen leckeren Kalbsknochen beim Rosenbeet vergraben. Den bekommt er!

Gesagt, getan! Der Dreck fliegt nach allen Seiten, einige Rosen knicken um und endlich stoße ich auf den Knochen. Da wird sich Herrchen aber freuen!

Mit stolzgeschwellter Brust und dreckigen Pfoten trabe ich ins Haus zurück und lege den Knochen neben Herrchen auf den Boden.

»Billy, du Ferkel! Bist du von allen guten Geistern verlassen!« schimpft Frauchen. »Gestern erst habe ich den ganzen Teppichboden gesaugt, und nun machst du alles wieder schmutzig. Und was

soll dieser alte vergammelte Knochen? Pfui Spinne, trag ihn sofort wieder raus!«
Aber Herrchen streichelt liebevoll meinen Kopf und sagt zu Frauchen: »Elfi, das ist Billys Geburtstagsgeschenk – was Leckeres zum Essen. Er bringt mir seinen Lieblingsknochen! Billy will nämlich nicht, daß ich durch Jogging und Diäten verhungere. Ich bin gerührt, vielen Dank, lieber Billy Backenzahn.«

Da kapiert Frauchen. »Ihr seid mir zwei Schlingel! Bloß weil ich keinen Katenschinken gekauft habe, verhungert man noch lange nicht. Also, meinetwegen, dann hole ich für heute mittag noch zwei Kalbskoteletts, und wir fangen mit der Blitzdiät eben erst morgen an.«
Als ich Herrchens zufriedenes Gesicht sehe und an die beiden Kotelett-Knochen denke, die vom Mittagessen für mich abfallen werden, muß ich schon wieder ein bißchen lachen.

Herrchen weiß alles besser

Heute erlebte Herrchen eine böse Überraschung, und das kam so:
Oft bekomme ich Besuch von Kindern, die keinen Hund haben und mit mir spielen möchten – zum Beispiel der Philipp, die Katrin und der kleine Jakob. Herrchen mault manchmal, weil wir dann im Garten rumtoben und so viel Lärm machen. Aber heute war es anders.
»Elfi, bei dem prächtigen Wetter können wir doch eine kleine Wanderung mit den Kindern und Billy machen«, schlägt Herrchen vor.
Alle sind begeistert, und so marschieren wir los. Bald treffen wir Bauer Knöpfle, der gerade sein Feld bestellt.
»Grüß Gott, Herr Knöpfle, was säen wir denn dieses Jahr?« fragt Herrchen.
»Roggen und Gerste«, antwortet der Bauer

freundlich, »das bringt einen besonders guten Ertrag.«
»Falsch, ganz falsch, lieber Herr Knöpfle, Mais sollten Sie pflanzen, Mais ist ganz groß im Kommen«, meint Herrchen wichtigtuerisch, während Frauchen ihn am Ärmel weiterzieht.
Wir kommen an einen Schrebergarten. »Guten Tag, Herr Mause. Hab ich Ihnen schon gesagt, daß Ihre Rosen ganz falsch beschnitten sind?« fängt Herrchen an, den Hobbygärtner zu belehren.

Herr Mausel schaut auf, grüßt nur kurz und wendet sich wieder dem Unkraut zu, das er gerade herauszupft.
»Kalle, misch dich nicht überall ein. Merkst du nicht, daß Bauer Knöpfle und Herr Mausel deine Belehrungen gar nicht gut finden?« sagt Frauchen, und Herrchen geht schmollend weiter.
Die Kinder laufen mit mir um die Wette. Es macht Spaß, mit Philipp, Katrin und Jakob herumzutollen. Wir begegnen einem Wanderer mit einem großen Rucksack. »Guten Tag, die Herrschaften, wo geht's denn hier zur Ruine Knurpsenstein?« will dieser von Herrchen und Frauchen wissen.
»Also erst mal geradeaus, dann bei der nächsten Weggabelung links bis zur Kirche und am Gasthaus ›Goldener Ochse‹ rechts, da sehen Sie schon den Wegweiser zur Ruine«, erklärt Frauchen hilfsbereit.
Herrchen betrachtet inzwischen den Wanderer. »Sagen Sie mal, junger Mann – also mit *den* Schuhen würde ich aber nicht wandern, die sind vollkommen ungeeignet. Bergstiefel müssen Sie

anziehen, das ist das einzig Richtige«, belehrt Herrchen ihn.

Der junge Mann bedankt sich höflich bei Frauchen und tut so, als hätte er Herrchens Bemerkung gar nicht gehört. Mit einem freundlichen »Auf Wiedersehen« geht er weiter.
Aber Herrchen hat schon wieder eine Idee. Diesmal sind wir dran: »Elfi, Kinder, Billy, alle mal herkommen! Ich will euch etwas zeigen.« Herrchen bückt sich und reißt eine schöne blaue Blume ab. »Also dies ist eine Lupine«, erklärt er mit erhobenem Zeigefinger. »Sie ist besonders groß für ihre Art, allerdings riecht sie nicht besonders.«

Mit diesen Worten steckt er seine Nase in die Blüte, um daran zu riechen. Aber gleich darauf wirft er die Blume mit ohrenbetäubendem Geheul und in hohem Bogen weg. Ich sehe gerade noch, wie eine Biene um Herrchens Nase herumsummt, dann ist sie weg.

Er hüpft auf einem Bein im Kreis herum und reibt sich die Nase, die immer dicker wird. Es sieht aus, als bekäme er eine große rote Tomate mitten im Gesicht.

»Das hast du nun davon, Kalle. Überall mußt du deine Nase reinstecken! Beim Bauern Knöpfle, beim Hobbygärtner Mausel, bei dem jungen Wanderer und nun noch in die schöne Blume. Außerdem finde ich es nicht gut, Blumen, die am Weg stehen, abzureißen. Andere Spaziergänger wollen sich auch noch daran freuen. Und Bienen haben es nun mal nicht so gerne, wenn man sie bei der Arbeit stört!«

Frauchen schimpft ihn richtig aus, und Herrchen wird recht kleinlaut. »Vielleicht hast du recht, Elfi. Laßt uns umkehren. Zu Hause kann ich dann auch meine geschwollene Nase etwas kühlen.«

Mir tut Herrchen leid, mit seiner Knollen-Tomaten-Glühnase! Deshalb habe ich auch gar nicht über ihn gelacht.

Schmolle Schmalzle

Heute ist Herrchen unter die Komponisten gegangen, und das kam so:
In den letzten Wochen geht es bei uns ziemlich laut zu. Schon morgens beim Frühstück schaltet Frauchen den Plattenspieler ein und legt eine Schallplatte von Schmolle Schmalzle, dem bekannten Schlagersänger, auf. Sie singt und trällert jeden Schlager mit, sie kann schon alle auswendig.
Herrchen wird es oft zuviel: »Was du bloß an diesem Schnulzenbubi mit seinem Lockenkopf findest«, muffelt er und streicht sich verstohlen über seine wenigen Haare. »Ich finde diesen Schlagerheini albern, und erst seine Texte – und musikalisch ist er auch nicht.«
»Du bist ja bloß neidisch«, erwidert Frauchen schnippisch und dreht den Plattenspieler noch lauter.

»Guck, guck, ich hab ein Vögelchen gesehen, das war wunderschön, genau so schön wie duuuu – schnurredibuuu, schnurredibuuu…« ertönt es aus dem Lautsprecher.

»Das ist ja nicht zum Aushalten«, stöhnt Herrchen und steckt sich die Finger in die Ohren.

Ich muß ja ehrlich zugeben, mir gefällt die Musik auch nicht sehr gut, und etwas leiser wäre auch schöner, dann könnte ich nämlich noch ein bißchen auf meinem Platz unter der Treppe dösen.

Aber mein Frauchen findet Schmolle Schmalzle toll. *»Schnurredibuuu, schnurredibuuu...* ist er nicht himmlisch, Kalle?« seufzt sie und trägt das Tablett mit dem Frühstücksgeschirr in die Küche.
»Also Billy, wenn das so weitergeht, dann verliert Frauchen bald den Verstand vor lauter Schmolle Schmalzle. Wir müssen uns etwas einfallen lassen«, erklärt mir Herrchen und verschwindet in seinem Arbeitszimmer.
Den ganzen Vormittag sieht und hört man nichts von ihm. Im Wohnzimmer läuft ununterbrochen der Plattenspieler weiter: *»Schnurredibuuu, schnurredibuuu, so schön wie duuuu...«*
Gegen Mittag kommt Herrchen mit einem großen Zettel aus seinem Zimmer. Er stellt ein kleines Tischchen mitten ins Wohnzimmer, holt aus der Küche einige Töpfe, drei leere Limoflaschen und zwei Kochlöffel. Alles baut er ohne ein Wort zu sagen auf, räuspert sich, zieht so gut es geht seinen Bauch ein und fragt Frauchen: »Elfi, kannst du bitte für einen Moment den Plattenspieler ausmachen? Ich will dir beweisen, daß ich mindestens so

gut singen kann wie dieser Schmolle Schmalzle.« Er schaut noch einmal auf seinen Zettel, nimmt die Kochlöffel in die Hand und beginnt, auf die Töpfe und an die Flaschen zu hauen: bumm – bing – peng – bing – bing, und dann legt Herrchen los:

»Ich kenn ein süßes, kleines Mädel,
hat blonde Haare auf dem Schädel,
im Gesicht 'nen roten Mund,
und 'nen großen schwarzen Hund.
Wenn sie lacht, wackelt das Haus,
das ist meine kleine Elfimaus.
Zappeldiii, zappeldiii –

Elfi, ich vergeß dich nie –
zappeldiii, zappeldiii!«

Herrchen singt so laut und falsch, daß ich einfach nicht anders kann und ihm helfen muß. Ich heule so herzerweichend, daß Frauchen ganz gerührt lächelt und uns beide streichelt – Herrchen über seine schütteren Haare und mich zwischen den Ohren.

»Also, wenn ich euch beide so schön singen höre, muß ich mir wirklich überlegen, ob mir Schmolle Schmalzle besser gefällt. Er hat zwar mehr Haare als du, Kalle, aber nicht so einen fantastischen Begleitsänger!« Damit meint sie mich!

Darüber bin ich so stolz, daß ich schon wieder ein bißchen lachen muß. Und Frauchen hört sich die Schlager von Schmolle Schmalzle jetzt nur noch über Kopfhörer an.

In der Schule

Heute bin ich in eine Menschenschule gegangen, und das kam so:
Kurz vor neun Uhr klingelt es an unserer Haustür. Als Herrchen aufmacht, steht Susi, unser Nachbarskind, vor der Tür und sagt mit zaghafter Stimme: »Heute wollen wir in der Schule über Hunde sprechen, und der Lehrer hat gesagt, daß jeder einen mitbringen dürfe. Da ich doch keinen Hund habe, dachte ich, ob vielleicht Billy mich begleiten könnte?«
Herrchen erwidert lachend: »Natürlich darf Billy mit. Ich fahre euch zur Schule und hole Billy nach einer Stunde wieder ab. Nur gut, daß ihr keine Elefanten oder Giraffen im Unterricht besprecht, das wäre etwas problematisch.«
Susi ist ganz selig, als sie zu mir auf die Rückbank im Auto krabbelt.
Bald sind wir bei der Schule angelangt. Herrchen

ermahnt mich nochmals, ja nicht so viel Quatsch zu machen.
Herr Knorps, der Lehrer der ersten Klasse, steht am Schuleingang und sagt mit bedeutungsvoller Miene: »Kinder, seid schön brav und macht nicht so viel Krach, davon werden die Hunde nur nervös.«
Neugierig schaue ich mich um und entdecke einen Rauhhaardackel, einen Spitz, einen Dalmatiner und einen Mischlingshund mit Ringelschwanz.
Dann geht's ins Klassenzimmer, und wir Hunde machen brav Platz neben dem Kind, das uns mitgebracht hat. Nur der Mischlingshund, der Max heißt, knurrt mich dauernd an. Was soll das? Was will der von mir? Ich knurre zurück.
Da fangen der Dackel, der Dalmatiner und der Spitz an zu bellen. Das lasse ich mir nicht gefallen, ebensowenig wie Max. Ein ohrenbetäubendes Gebell erfüllt das Klassenzimmer. Die Kinder schreien dazwischen, manche halten sich die Ohren zu. Herr Knorps rennt zwischen den Bankreihen auf und ab und versucht, alle zu beruhigen.

Schließlich ruft er ganz laut: »So geht das aber wirklich nicht! Laßt uns mit den Hunden auf den Schulhof gehen. Dann halten wir den Anschauungsunterricht eben im Freien ab.«
Das finde ich prima und die Kinder auch. Da die Sonne scheint, macht ihnen das Lernen gleich viel mehr Spaß. Wir Hunde haben auch gar nicht mehr gebellt, nur ab und zu ein bißchen rumgeschnüffelt.

Nur Herr Knorps hat, glaube ich, einen Schrecken bekommen von all dem Lärm. Denn am Ende der Schulstunde sagt er zu den Kindern: »Beim nächsten Anschauungsunterricht dürft ihr nur Meerschweinchen, Zwerghasen und Goldhamster mitbringen, die machen wenigstens nicht so einen Höllenlärm!«

Susi lacht mich an, und ich lache zurück. Uns beiden hat die Schulstunde heute trotzdem sehr gut gefallen.

Der grüne Himmel

Heute war Herrchen gut gelaunt, dann verärgert und schließlich wieder gut gelaunt, und das kam so: Die Sonne scheint wunderschön, und auf einmal kommt Herrchen mit einem großen Zeichenblock, einem Tuschkasten, Pinseln, Lappen und Wasserglas aus seinem Arbeitszimmer. »Elfi, ich will bei dem herrlichen Wetter ein bißchen am Fluß malen. Im Wohnzimmer ist an der Wand noch Platz für ein schönes Landschaftsbild. Kommst du mit Billy und mir mit?« fragt er Frauchen gutgelaunt.
»Ach, laßt mich mal zu Hause, ich will meinen Rock noch ändern, dazu bin ich die ganze Woche nicht gekommen«, entgegnet Frauchen und verschwindet im Nähzimmer.
Herrchen holt sein Fahrrad aus dem alten Schuppen und los geht's.

Lustig pfeifend radelt er gemütlich vor sich hin, so daß ich nicht zu schnell rennen muß. Nach zwanzig Minuten hält er an einer Flußbiegung an. »Das ist ein hübsches Fleckchen Erde, Billy Backenzahn, hier bleiben wir, das will ich malen.«
Er holt sich Wasser aus der Enz, so heißt der Fluß, packt Farben und Pinsel aus, setzt sich auf einen Baumstumpf und beginnt. Ich schnüffle ein bißchen an den Weiden herum, die am Wasser stehen, und lege mich dann in den Schatten eines Busches, um noch ein kleines Schläfchen zu machen.

Ich muß wohl eingedöst sein, denn plötzlich wache ich von lauten Stimmen auf. Herrchen steht mit hochrotem Kopf vor seinem Bild und diskutiert mit zwei Radfahrern, die stehengeblieben sind und auf ihn einreden. Ich höre etwas von »... das kann Ihnen doch egal sein, ob ich den Himmel grün male ...« und »... das ist meine künstlerische Freiheit ...«, während die Frau zu ihrem Mann sagt: »Komm, Eddi, laß uns weiterfahren; das ist wohl wieder so ein verrückter moderner Maler, den kein Mensch versteht.«
»Du hast recht, Clärchen«, antwortet der Mann, »einen grünen Himmel – wo gibt's denn so was!«
Als ich die erregten roten Gesichter sehe, muß ich einfach ein bißchen lachen. Das sieht die Frau. »Guck mal, Eddi, ein Hund, der lachen kann! Das wäre doch ein Motiv für ein schönes Bild!« Dann radelt sie davon, und der Mann folgt ihr.
»Doofe Kunstbanausen«, brummt Herrchen und legt das fast fertige Landschaftsbild ins Gras. Er kratzt sich am Kopf und murmelt: »Ich könnt's ja mal probieren.« Damit beginnt er ein neues Bild.

Ich mache meine Augen zu. Nachdem hier wieder Frieden herrscht, kann ich ja ruhig noch ein bißchen dösen.
Nach einer Weile werde ich erneut geweckt. »Guck mal, Clärchen, das ist wirklich ein gelungenes Bild! Wie gut der Ausdruck getroffen ist, und die schönen Farben!«
»Ja, du hast recht, Eddi, und den grünen Hintergrund finde ich ganz toll. Was soll denn das Kunstwerk kosten, Meister?« fragt die Frau mein Herrchen.
Es sind die beiden Radfahrer von vorhin, die wohl wieder heimwärts radeln. Herrchen steht mit rotem Kopf, aber diesmal vor Freude, neben einem Bild von – aber das bin ja ich!
»Ach, wenn Ihnen das Hundeportrait so gefällt, dann schenke ich es Ihnen, es kostet nichts.«
»Das können wir nicht annehmen, nicht wahr, Eddi? Wir sollten dem Künstler etwas dafür geben.«
Herrchen wird ganz verlegen vor Stolz und Freude über die vielen anerkennenden Bemerkungen.

Der Mann holt von seinem Gepäckständer einen riesengroßen, bunten Feldblumenstrauß und überreicht diesen Herrchen. »Als kleines Dankeschön für das wunderschöne Bild und nochmals herzlichen Dank. Wir werden das Kunstwerk in unserem Wohnzimmer aufhängen.«

Dann steigen die beiden auf ihre Fahrräder und radeln winkend davon, während mein Herrchen den Strauß zufrieden begutachtet: »Da wird sich Frauchen aber freuen, Billy Backenzahn, wenn wir ihr den überreichen!«
Er packt seine Malsachen ein. Als ich das Bild mit dem grünen Himmel und einem roten Fluß sehe, muß ich schon wieder ein bißchen lachen. Zum Glück hat Herrchen das aber nicht bemerkt.

Herrchen Kalle kocht

Heute habe ich festgestellt, daß nicht alles gut schmeckt, was gut riecht, und das kam so:
Am Nachmittag kommt Herrchen aufgeregt aus seinem Arbeitszimmer gerannt und ruft: »Elfi, es ist ja schon fast fünf Uhr, ich muß sofort mit dem Kochen beginnen. Um sieben kommen unsere Gäste!«
»Nun mal langsam, Kalle, du hast noch genügend Zeit für deine Spaghetti und die Tomatensoße. Außerdem helfe ich dir dabei.« Aber Herrchen hört gar nicht richtig zu. Wie ein aufgescheuchtes Huhn rennt er in die Küche. Man hört es rumoren und klappern, scheppern und klirren.
»Elfi, wo ist denn der große Topf für die Spaghetti, ich kann ihn nirgends finden!« Mein Herrchen erscheint in der Küchentür mit einer großen weißen Schürze über seinem dicken Bauch und

einer richtigen Kochmütze auf dem Kopf. Das sieht vielleicht lustig aus!

»Aber Kalle, der große Topf steht doch in der Speisekammer auf dem Regal hinten links«, antwortet Frauchen, und Herrchen verschwindet wieder in der Küche.
Frauchen deckt den Tisch: zuerst eine rot-weiß karierte Tischdecke, dann Teller und Gläser und zum Schluß das Besteck und die Servietten.
»Elfi, wo sind denn die Spaghetti?« tönt es da schon wieder aufgeregt aus der Küche.
»Du, Kalle, es ist erst halb sechs! Die Spaghetti solltest du erst ins kochende Wasser werfen, wenn die Gäste kommen. Die Nudeln sind in zehn Minuten gar. Bereite lieber die Tomatensoße vor und laß sie schön köcheln, dann schmeckt sie besonders gut«, beruhigt Frauchen mein nervöses Herrchen.
Warum muß er auch immer so hektisch sein, wenn nicht alles gleich so funktioniert, wie er sich das vorstellt, denke ich mir und schaue neugierig in die Küche. Mein Herrchen öffnet gerade Dosen mit geschälten Tomaten, dann holt er Hackfleisch aus dem Kühlschrank, einige Knoblauchzehen

aus der Speisekammer, und Frauchen erhitzt unterdessen etwas Olivenöl in einem Topf.
Das Hackfleisch riecht so köstlich, daß mir das Wasser im Mund zusammenläuft und ich mir genießerisch die Lefzen lecke. Doch mein Herrchen hat jetzt kein Auge für mich. Mit hochrotem Kopf, genauso rot wie die geschälten Tomaten, würzt er das Hackfleisch mit Oregano, Salz und zum Schluß mit Pfeffer. Der Pfeffer kitzelt meine empfindliche Nase, es juckt und kribbelt und ich muß fürchterlich niesen. Herrchen erschrickt davon so sehr, daß er das Hackfleisch direkt vor meiner Nase auf den Küchenboden fallen läßt.
So was laß ich mir natürlich nicht entgehen – einmal kräftig »happ« und das Hackfleisch ist verschwunden. Brrrr – ist das scharf! Mein Hals brennt wie Feuer! Ich muß nach Luft schnappen, während mein Herrchen losbrüllt: »Billy Backenzahn! Bist du von allen guten Geistern verlassen? Womit soll ich denn nun meine Spaghettisoße machen? Ich blamiere mich ja vor unseren Gästen bis auf die Knochen!«

Da wird es Frauchen zu dumm: »Ich glaube, ihr zwei Störenfriede verschwindet jetzt mal ganz fix aus der Küche! Ich habe im Kühlschrank noch ein großes Stück Fleischwurst, das schneide ich in kleine Würfel; mit etwas Speck und einer kleingeschnittenen Zwiebel, den Tomaten und Gewürzen wird daraus auch noch eine passable Spaghettisoße. – Kalle, hol lieber den Rotwein aus dem Keller, damit er die richtige Temperatur hat, wenn unsere Freunde kommen, und laß besser mich das Essen zubereiten!«
Herrchen holt eine große Chiantiweinflasche aus dem Keller und stellt sie auf den Tisch.

Ich habe so einen komischen Geschmack von dem gewürzten Hackfleisch im Mund und außerdem so einen großen Durst, daß ich schnell zu meinem Wassernapf unter der Treppe laufe. Als Herrchen mein Schlabbern hört, hellt sich seine finstere Miene auf: »Hast eigentlich recht, Billy Backenzahn, auf den Schreck könnte ich mir auch ein Schlückchen genehmigen!«
Und als er mir dann sogar noch zuprostet, muß ich schon wieder ein bißchen lachen. Aber gewürztes Hackfleisch esse ich bestimmt nie wieder.

Der Tagesausflug

Heute hat Herrchen uns ganz schön strapaziert, und das kam so:
Wir sind für zwei Wochen verreist – nach Südfrankreich.
»Bei dem schönen Wetter machen wir einen Tagesausflug, Elfi. Wir fahren zuerst nach Nîmes, dann nach Arles und im Anschluß noch nach Aigues-Mortes«, erklärt Herrchen, während er den Reiseführer ins Handschuhfach legt.
»Ist das nicht ein bißchen viel, Kalle, gleich drei Städte an einem Tag?« wendet Frauchen ein. »Da müssen wir bei der Hitze über hundert Kilometer fahren. Ich glaube, das strengt ganz schön an.«
»Papperlapapp, Elfi, wir machen das Schiebedach und das Fenster auf, so bekommen wir immer frischen Wind und werden außerdem noch braun«, erwidert Herrchen und fährt los.
Nach 32 Kilometern sind wir in Nîmes. »Zuerst

besichtigen wir die Ausgrabungen aus der Römerzeit, dann die Arena und zum Schluß das Museum«, erklärt uns Herrchen, als er endlich einen Parkplatz gefunden hat.

»Kalle, willst du nicht auch deinen Sonnenhut mitnehmen?« fragt Frauchen, die sich ihren lustigen Strohhut aufgesetzt hat.

»Ich will braun werden, Elfi. Zu Hause sollen die Nachbarn sehen, daß wir im Süden Urlaub gemacht haben«, wehrt Herrchen den gutgemeinten Ratschlag ab und kauft die Eintrittskarten.

Ich finde es ziemlich langweilig, zwischen lauter Ruinen und Mauerresten rumzulaufen. Mein Herrchen nicht, er rennt durch die Gegend und knipst Bilder. »So, das hätten wir. Die nächsten Dias mache ich in der Arena.«
Die Arena von Nîmes ist ein riesiges rundes Bauwerk, aber für mich genauso langweilig wie alles von den alten Römern, ich muß immer an der Leine gehen – und dann die Hitze! Bloß, damit Herrchen unseren Nachbarn beim Dia-Abend demonstrieren kann, was er alles besichtigt hat!

Ich würde viel lieber auf einer Wiese im Schatten eines Olivenbaumes liegen und dösen, als in einer lauten Stadt mit Autogestank alte Bauwerke zu besichtigen.

»So, ihr beiden, nun gehen wir ins Museum«, reißt Herrchen mich aus meinen Wunschträumen.

»Kalle, laß uns doch mal eine Pause machen«, schlägt Frauchen vor. »Mir tun schon die Füße weh vom vielen Laufen, außerdem schwitze ich furchtbar, ein Eis im Schatten wäre jetzt genau das Richtige«, dabei zieht sie Herrchen unter den Sonnenschirm eines Straßencafés.

»Ihr seid mir vielleicht zwei müde Krieger«, stichelt Herrchen, als ich mich sofort neben Frauchens Stuhl in den Schatten fallen lasse.

»Ich bleibe in der Sonne, da werde ich schön braun, und trinke einen Kaffee, damit ich munter bleibe«, ruft er fröhlich und bestellt bei einem kleinen Kellner in schwarzer Weste und mit einem großen Schnurrbart Eis und Kaffee.

Die Straßencafés in Südfrankreich sind toll: man sitzt unter grünen Platanen, das sind riesige

Bäume, auf denen unzählige Spatzen herumtoben und miteinander streiten. Außerdem stehen bunte Sonnenschirme da, man kann sich im Schatten ausruhen, vorbeilaufende Hunde beobachten oder an den Baumstämmen schnüffeln.
Frauchen löffelt genießerisch ihr Eis, während Herrchen sich etwas Sonnenöl auf die Stirn reibt.

Dann nimmt er zwei Stück Zucker für seinen Kaffee, rührt um und als er gerade trinken will, platsch – fällt etwas von oben herunter in seine Tasse, daß Herrchen der Kaffee ins Gesicht spritzt. Wahrscheinlich hat ein Spatz beim Streiten vor Aufregung Durchfall bekommen, und das genau über Herrchens Kaffeetasse. Ganz bedeppert schaut mein Herrchen aus.

Als Frauchen ihn neckt: »Mensch, Kalle, bist du aber braun im Gesicht, da muß ich schnell ein Foto machen, damit alle sehen, daß wir im Süden waren«, muß ich schon wieder ein bißchen lachen.

Die dressierten Pudel

Heute sollte ich dressiert werden, und das kam so: Frauchen räumt gerade den Kaffeetisch ab, da höre ich Herrchen stöhnen: »Elfi, drei Stück Nußkranz sind doch zuviel. Meine Hose spannt so, daß wir unbedingt einen Spaziergang machen sollten.« Als ich das höre, komme ich von meinem Platz unter der Treppe hervorgesaust und springe freudig an Herrchen hoch. »Pfui, laß das, Billy Bakkenzahn«, wehrt Herrchen meine stürmische Begeisterung ab, während Frauchen Leine und Halsband vom Haken holt.

»Kalle, wir könnten doch einmal zum Festplatz gehen und uns beim Zirkus Boppelini umsehen. Sicher kann man da über den Zaun schauen und die Artisten beim Üben beobachten«, schlägt sie vor.

Bald sind Herrchen, Frauchen und ich an der

Festwiese angekommen, wo der Zirkus gastiert. Man hört das schrille Trompeten eines Elefanten, das dumpfe Gebrüll der Löwen und dazwischen ein helles Jiffen.

Herrchen bleibt am Zaun stehen und schon geht es los: »Schau dir mal diese niedlichen und gut dressierten Hunde an, Billy Backenzahn. Die können auf zwei Beinen gehen und ganz aufrecht sitzen, ohne umzufallen. Und was kannst du? Nur lachen und Quatsch machen! Nachher, wenn wir zurück sind, üben wir zu Hause auch einmal ›auf zwei Beinen gehen‹ und ›aufrecht sitzen‹.«

Da entdecke ich sie auch – drei Pudel, mit roten Hütchen auf dem Kopf und gelben Röckchen um den Bauch! Sie laufen auf den Hinterbeinen im Kreis herum. Das sieht vielleicht doof aus! Und erst der Dompteur! Er trägt einen großkarierten Clownsanzug und ebenfalls ein rotes Hütchen auf dem Kopf.

»Wenn du Billy dressieren willst, mußt du natürlich auch so einen schicken Anzug haben wie der Dompteur«, meint Frauchen mit ernster Miene.

»Wir können ja nachher gleich in die Stadt gehen und nach einem passenden Karostoff schauen. Ich nähe dir gerne auch so ein verrücktes Clownskostüm, denn das brauchst du unbedingt, wenn du dann mit Billy im Garten trainierst.«

Da wird Herrchen ein bißchen blaß. Er sieht plötzlich gar nicht mehr so begeistert aus. »Wenn ich es mir richtig überlege, braucht Billy eigentlich nicht unbedingt auf zwei Beinen laufen zu lernen. Er tritt ja nicht im Zirkus auf, und die Mühe mit dem albernen Dompteursanzug kannst du dir dann sparen. Sonst lacht womöglich nicht nur Billy über mich, sondern auch unsere Nachbarn, die Lenhardts, machen sich darüber lustig.«
Als ich das höre, bin ich so froh, daß ich schon wieder ein bißchen lachen muß.

Eine Spazierfahrt mit Lisa

Heute bin ich ganz stolz auf mich, und das kam so: Herrchen kommt an meinen Platz unter der Treppe, und was sehe ich da? Er hat eine Krawatte umgebunden! Eine blaue mit weißen Punkten!
»Billy, wir wollen meine Schwester Heidi besuchen. Sie hat vor vier Monaten ein Baby bekommen, eine kleine Lisa, und ich bin der Onkel.«
Herrchen mit Krawatte und stolz geschwellter Brust, so kenne ich ihn gar nicht.
Nach einer Stunde Fahrt sind wir bei Heidi und Lisa angelangt. Auf der Terrasse steht ein großer Kinderwagen, aus dem man Weinen hört. Sofort ist Herrchen bei dem Kinderwagen und klappert aufgeregt mit der Kinderrassel, die er als Geschenk mitgebracht hat. Er schaut in den Wagen hinein, klappert noch lauter, zieht komische

Grimassen und ruft »Duut, duut, duut, duut . . .«
»Was ist denn hier los?« wundert sich Heidi, die den Lärm gehört hat und in der Terrassentür erscheint.
»Du Rabenmutter! Meine Nichte weint stundenlang auf der Terrasse, und du läßt sie allein und kümmerst dich nicht um sie. Schäm dich!« brummt Herrchen.
»Sag mal, Kalle, glaubst du, die Babywäsche wäscht sich von alleine und der Brei kocht sich selbst?« erwidert Heidi. »Aber wenn du meinst, daß Lisa vernachlässigt wird, dann könnt ihr beide ja mit ihr spazierengehen.«
Damit ist Herrchen sofort einverstanden. Stolz schiebt er den Kinderwagen auf den Bürgersteig, und wir gehen in Richtung Stadtmitte. Ich laufe brav neben dem Wagen her, während Herrchen ab und zu mit der Rassel klappert und »Duut, duut, duut« macht.
Manche Passanten bleiben verdutzt stehen, andere schütteln den Kopf und lächeln über mein Herrchen. Der merkt von allem nichts, im Gegen-

teil: aufgeplustert wie ein Pfau stolziert er die Königstraße entlang, klappernd und rasselnd und immer wieder sein albernes »Duut, duut, duut« sagend.

Dann kommen plötzlich zwei Mädchen auf uns zu und fragen: »Opa, dürfen wir mal deinen Enkel sehen?«

Herrchen bekommt einen puterroten Kopf und antwortet: »Erstens bin ich der Onkel, und zweitens ist das Kind ein Mädchen und heißt Lisa.« Kichernd gehen die beiden Mädchen weiter.

Da nimmt Herrchen meine Leine und bindet mich am Griff des Kinderwagens fest: »So, Billy Bakkenzahn, jetzt kannst du dich nützlich machen und Lisa nach Hause ziehen. Heidi ist bestimmt inzwischen mit der Wäsche und dem Breichen fertig.«

Während wir so heimwärts zockeln, bleiben wieder Leute stehen. Aber diesmal lachen sie nicht, sondern staunen über mich, und manche sagen: »Ist das aber ein wohlerzogener Hund! Und wie behutsam er den Kinderwagen zieht! Das ist wirklich ein toller Kerl!«
Da muß ich vor lauter Stolz schon wieder ein bißchen lachen, während Herrchen sich zum Trost eine Rolle Pfefferminzdrops kauft.

Das gelbe Gummiboot

Heute war für Herrchen ein anstrengender Tag, und das kam so:
Die Sonne scheint, ein lauer Wind weht und die Vögel singen. Es ist ein wunderschöner Tag. Herrchen liegt in der Hängematte, während ich im Schatten döse. »Billy, ist dir auch so langweilig?« sagt er plötzlich zu mir. »Frauchen ist noch bis übermorgen in Hannover bei ihren Schwestern, da könnten wir eigentlich einen zünftigen Männerausflug machen! Wir fahren zum Baggersee und nehmen unser gelbes Schlauchboot mit!« Toll! Schlauchbootfahren finde ich klasse!
Herrchen holt das aufgeblasene Boot aus der Garage, bindet es auf dem Dachständer des Autos fest, verstaut die Paddel im Kofferraum – und los geht's.
Bald sind wir am Baggersee angelangt. Herrchen

zieht sich bis auf die Badehose aus, holt das Schlauchboot vom Autodach und stülpt es sich über den Kopf. Das sieht lustig aus: ein gelbes Schlauchboot mit einem Bauch darunter und zwei Beinen!

Dann fängt das seltsame Wesen auch noch an zu hüpfen und zu schimpfen: »Autsch, auaa, verflixtes Bügeleisen! Diese blöden Kieselsteine tun ja richtig weh!« Herrchen stelzt barfuß wie ein Storch im Salat und ist froh, als er endlich am Ufer angelangt ist. Mit einem lauten »Pflatsch« wirft er das Gummiboot ins Wasser.

Ich springe mit einem großen Satz ins Boot, während Herrchen es vom Ufer abstößt und dann auch hineinklettert. Es schaukelt ganz schön, aber ich habe überhaupt keine Angst, da ich ein guter Schwimmer bin.

»Ahoi«, albert Herrchen los, während er auf den See hinauspaddelt. Die Sonne brennt mir ganz schön auf meinen schwarzen Pelz. Auch Herrchen wischt sich ab und zu über die Stirn.

Nach einer Weile schwitzt er so, daß er anfängt zu

stöhnen: »Billy, jetzt könntest du eigentlich mal eine Weile das Schlauchboot ziehen. Ich binde dich an die Leine, du springst ins Wasser und schwimmst voraus.«

Als ich Herrchen verdutzt und ungläubig anschaue, versetzt er mir einen Schubs, daß ich das Gleichgewicht verliere und ins Wasser springen muß. Dabei kommt das gelbe Gummiboot so ins Schwanken, daß auch Herrchen – platsch – ins Wasser kippt.

Prustend taucht er wieder auf und will sich am Schlauchboot festhalten, aber dabei erwischt er

ausgerechnet die Schnur mit dem Verschlußstöpsel! Pfffffft – der Stöpsel geht raus und die Luft entweicht.
Herrchen schimpft und versucht, den Schaden zu beheben, doch vergebens. Das Schlauchboot wird schlaff und schlaffer. »Ach du dickes Lieschen«, jammert Herrchen, »jetzt muß ich das doofe Ding schwimmend bis ans Ufer schleppen.« Er rudert mit den Armen, zieht, stöhnt und prustet. Endlich erreichen wir das Ufer.
Da steht er nun, mein Herrchen, und japst fürchterlich nach Luft. Als er keuchend sagt: »Billy, jetzt bin ich aber reif für die Hängematte in unserem Garten«, bin ich froh, daß ich das gelbe Gummiboot nicht durchs Wasser ziehen muß, und vor Erleichterung lache ich schon wieder ein bißchen.

Das offene Gartentor

Heute habe ich etwas sehr Unvernünftiges getan, und das kam so:
Frauchen ist früh am Morgen zu ihren Eltern in den Schwarzwald gefahren. Herrchen hat sie zum Bahnhof gebracht und ist danach gleich in seinem Arbeitszimmer verschwunden. Ich döse ein bißchen auf meinem Platz unter der Treppe, doch nach einer halben Stunde wird es mir langweilig.
Ich gehe in Herrchens Arbeitszimmer und stupse mit meiner schwarzen Nase an Herrchens Ellbogen. Ob er wohl versteht, daß ich spazierengehen will? Denkste! Er reagiert überhaupt nicht. Da fange ich ein bißchen an zu fiepen, und anschließend belle ich ganz vorsichtig.
Unwillig schaut Herrchen mich an, und schon geht's los: »Billy Backenzahn, du alter Plagegeist! Siehst du nicht, daß ich arbeiten muß? Ich habe

jetzt keine Zeit, mit dir spazieren zu gehen. Hinter unserem Haus ist so eine schöne Wiese, da kannst du rumtollen, und wenn es dir langweilig wird, dann renne eben zehnmal ums Haus.«

Als ob ich ein Zirkuspferd wäre, das immer im Kreis herumläuft! Beleidigt trotte ich in den Garten. Wenn es doch bloß nicht so langweilig wäre. Doch was sehe ich da? Das Gartentürchen steht offen! Herrchen hat wohl vergessen, es richtig zu schließen.

Da kommt mir eine Idee: Wenn Frauchen nicht da ist und Herrchen keine Zeit für mich hat, dann gehe ich eben alleine spazieren.

Am Anfang macht es großen Spaß, über die Wiese hinter dem Haus zu laufen, an den Bäumen und Sträuchern zu schnüffeln, oder auch einmal eine Kuh mit lautem Gebell zu erschrecken, obwohl Herrchen das verboten hat.
Dann entdecke ich die alte Scheune, in die ich nicht hinein darf, weil sie angeblich baufällig ist und einstürzen kann. Aber was verboten ist, macht natürlich besonders neugierig.

Vorsichtig stoße ich die morsche Tür mit meinem Kopf auf. Wie die quietscht und knarrt! Drinnen ist es duster, fast ein bißchen unheimlich. Lauter Spinnweben, Staub und Dreck, man kann kaum etwas sehen, aber um so mehr riechen! Neugierig pirsche ich ins Innere der verfallenen Scheune vor.

Und ... plötzlich habe ich keinen Halt mehr unter den Pfoten und stürze in ein Loch.

Au weia, hab ich mich erschrocken! Als ich mich ein wenig von meinem Sturz erholt habe, will ich natürlich aus meinem Gefängnis heraus, doch die Grube ist zu tief; so kräftig ich auch springe, die Wände sind viel zu hoch.
So hatte ich mir meinen Ausflug natürlich nicht vorgestellt, aber Herrchen wird mich sicher bald vermissen und nach mir suchen. Um ganz sicherzugehen, belle ich laut und ausdauernd, damit er mich auch findet.
Zehn Minuten vergehen, zwanzig Minuten vergehen, aber nichts geschieht. Das darf doch nicht wahr sein, Herrchen muß mich doch suchen! Ich belle, so laut ich kann. Langsam bekomme ich es doch ein wenig mit der Angst zu tun.
Aber dann höre ich etwas. Ruft da nicht Herrchen nach mir? Und tatsächlich – knarrend öffnet sich die Tür, und mein Herrchen erscheint oben am Rand der Grube. »Da bist du ja, du Ausreißer! Wie oft habe ich dir schon gesagt, du sollst nicht in die alte Scheune gehen!« schimpft er, während er eine Leiter holt und zu mir ins Loch steigt.

Er packt mich unter Bauch und Brustkorb und schleppt mich schnaufend nach oben. Endlich bin ich aus meinem Gefängnis befreit! Ich bin sehr froh, als ich aus der Scheune heraus auf die Wiese laufen kann.

Als Herrchen mit dem Zeigefinger droht, aber nicht mehr schimpft, bin ich so glücklich, daß ich schon wieder ein bißchen lachen muß. Ausreißen werde ich bestimmt nicht mehr!

Das Fußballspiel

Heute habe ich mein Herrchen ziemlich verärgert, und das kam so:
Nach dem Mittagessen klingelt das Telefon. Herrchen hebt den Hörer ab, und ich höre ihn sagen: »Klar bin ich noch in Form. Und wenn der Toni ausgefallen ist, helfe ich eben aus. Natürlich bin ich pünktlich! Also dann bis siebzehn Uhr!«
Er legt auf und ruft Frauchen zu: »Elfi, wo sind denn meine alten Torwartsachen? Heinz hat angerufen, ihr Torwart, der Toni, ist krank geworden, und sie brauchen einen Ersatzmann. Die Altherren-Fußballmannschaft der SV Germania hat ein wichtiges Freundschaftsspiel, und sie brauchen einen guten Torwart.«
Schmunzelnd holt Frauchen die karierte Sporttasche vom Dachboden. Herrchen öffnet sie und kontrolliert den Inhalt. »Alles komplett, wie es

sein soll«, murmelt er zufrieden und stellt die Tasche neben die Haustür.
Um halb fünf verabschiedet er sich mit den Worten: »Die alten Kumpel werden sich wundern, wie fit und in Form ich bin«, und schließt die Haustür.
»Das können wir uns nicht entgehen lassen, Billy«, sagt Frauchen und holt Halsband und Leine.
Da der Fußballplatz nicht weit weg ist, sind wir pünktlich um fünf Uhr dort. Die beiden Mannschaften stehen bereits auf dem Platz.

Alle Spieler sind schon etwas älter. Manche haben kaum noch Haare auf dem Kopf und einige einen Bauch. Doch den dicksten hat mein Herrchen. Wie bei dem die Sporthose kneift und der Torwartpullover spannt! Sogar ein Stückchen nackten Bauch kann man sehen.
Das Spiel beginnt. Manche Zuschauer lachen, andere feuern ihre Mannschaft an. Warum die wohl alle hinter dem Ball herrennen und nur mein Herrchen nicht? Immer haben die anderen den Ball, und er steht bloß im Tor und guckt.
Als einer der Spieler mit dem Ball direkt neben mir vorbeirennt, sause ich auf ihn zu und will ihm den Ball abnehmen, damit Herrchen auch mal damit spielen kann.
Doch der Mann vom FC Großingersheim hat offensichtlich Angst vor großen schwarzen Hunden und rast wie eine Rakete auf Herrchens Tor zu. Ich hinterher. Auf einmal tritt er kräftig gegen den Ball, und schon fliegt dieser an meinem verdutzten Herrchen vorbei ins Tor.
Alle Spieler von Großingersheim jubeln und

rufen: »Tor, Tor, eins zu null für uns!« Einige kommen auf mich zu und streicheln mich.

Nur mein Herrchen ist stinkwütend. »Jetzt hast du doofer Hund dem lahmen Gegner so Beine gemacht, daß keiner von meiner Mannschaft ihn mehr stoppen konnte. Warum bleibst du nicht bei Frauchen? – Elfi, binde sofort Billy an, damit dieser Unglückshund nicht noch mehr Unheil anrichtet!«

Dabei wollte ich doch nur, daß Herrchen auch mal den Ball bekommt!
Frauchen ist dann lieber mit mir spazieren gegangen.
Um sieben Uhr abends kommt Herrchen nach Hause, ganz dreckig und verschwitzt, aber glücklich. »Wir haben drei zu zwei gewonnen«, erklärt er strahlend, »aber nur, weil Billy den anderen nicht mehr geholfen hat.«

Als ich Herrchen treuherzig von unten herauf anschaue, ist er nicht mehr böse mit mir. Er verschwindet im Badezimmer und singt sogar: »So ein Tag, so wunderschön wie heute«, wenn auch leider schrecklich falsch. Da muß ich gleich wieder ein bißchen lachen.

Gunter und Gerd

Heute ging es ziemlich turbulent bei uns zu, und das kam so:
Herrchen kommt begeistert die Treppe heruntergestürzt: »Elfi, ich habe eine tolle Idee! Wir veranstalten eine Überraschungsparty – wir rufen alle unsere Freunde an und laden sie für heute abend zu uns ein. Jeder soll etwas zum Essen mitbringen, und wir stiften die Getränke!«

Frauchen findet die Idee auch sehr lustig und ist einverstanden. Herrchen fängt sofort an zu telefonieren.

Bald klingelt es, die ersten Gäste kommen. Daisy und Klaus stehen draußen, Klaus hat eine große Schüssel mit Apfelgrütze im Arm. »Die Schlagsahne mußt du nachher noch schlagen«, erklärt er Frauchen, während Daisy mir einen ganz kleinen Hundekuchen hinhält: »Einen schönen Gruß von Hannibal!«

Hannibal ist ein winziger Yorkshire-Terrier und Daisys Liebling.

Leider fressen kleine Hunde nur so mickrige Hundekuchen, denke ich, während ich mit einem Bissen das Geschenk vertilge.

Dann geht es Schlag auf Schlag: Manfred und Brigitte bringen Käse und Rohkostsalat mit, Hanna und Rudi haben gefüllte Kalbsbrust und frisches Bauernbrot dabei. Gerhard und Marita kommen mit gebratenen Koteletts und einem leckeren Kalbsknochen für mich. Man merkt gleich, daß die beiden eine große Schäferhündin haben, sie heißt Dina und ist besonders hübsch. »Wo nur unsere beiden Junggesellen Gunter und Gerd bleiben?« wundert sich Herrchen, da ertönt ein ohrenbetäubender Lärm vor der Haustür. Entsetzt läuft er hinaus – und stößt fast mit Gunter und Gerd zusammen, beide in großgemusterten Karojacken, und jeder hat eine Dauerwurst in der Hand. In der anderen Hand hält Gunter eine kleine Trompete und Gerd eine Tröt-Schlange.

Daher der Lärm! »Hallo, ihr trüben Tassen«, rufen sie, »jetzt kommen die lustigen Jungs und bringen Stimmung in die müde Bude!«
Gunter holt einen Füllfederhalter aus der Jackentasche und schüttelt ihn so kräftig, daß Manfreds weißes Hemd im Nu mit großen Tintenklecksen bedeckt ist. Die Umstehenden schauen verdutzt, aber Gerd fängt schallend an zu lachen: »April, April, ein kleines Späßchen vom lieben Gunter – es ist nur Zaubertinte!«
Inzwischen hat Gunter unbemerkt aus einem kleinen Köfferchen ein Tütchen geholt, es aufgerissen und ein weißes Pulver auf seine Hand geschüttet, das er heimlich unter die Gäste pustet. Schlagartig fangen alle an zu niesen und zu prusten, manche schneuzen sich kräftig in ihre Taschentücher, anderen laufen vor Anstrengung die Tränen aus den Augen.
Gunter und Gerd schlagen sich vor Freude auf die Schenkel. »Niespulver ist doch immer wieder lustig, was, Leute? Das macht Stimmung!«
Als Gunter erneut in sein Köfferchen greift und

verstohlen eine Zigarre herauszieht, bemerkt dies mein Herrchen. Sein Gesichtsausdruck ist gar nicht mehr fröhlich. Er verschwindet im Abstellraum. Gunter bietet Klaus die Zigarre an: »Na, alter Junge, wie wär's mit einer echten Havanna?« und gibt ihm auch gleich Feuer.

Dieser fängt genüßlich an zu paffen. Doch mit einem ohrenbetäubenden Knall explodiert die Scherzzigarre. Klaus erschrickt furchtbar, Gunter und Gerd können sich vor Lachen kaum noch auf den Beinen halten.

Plötzlich wird es mit einem Schlag stockdunkel im

Haus. Ich schalte sofort: Herrchen hat die Stromsicherungen herausgedreht und will die Finsternis ausnutzen, um das kleine Köfferchen mit den Scherzartikeln zu verstecken. Ich sause los, um meinem Herrchen zu helfen.
Da spüre ich eine Hand auf meiner kalten Nase und eine zweite auf meinem Rücken.
»Hilfe, ein kalter glitschiger Seehund«, gellt ein Schrei. »Und hier ist ein riesiger Zottelbär!« ruft eine andere Stimme voller Angst. Es sind Gunter und Gerd, die auf der Suche nach ihrem Köfferchen aus Versehen mich angefaßt haben.
Plötzlich geht das Licht wieder an. Alle sehen, was geschehen ist, und fangen an zu lachen – Klaus und Daisy, Manfred und Brigitte, Rudi und Hanna, Gerhard und Marita. Auch Frauchen und Herrchen, der wieder ins Wohnzimmer gekommen ist, amüsieren sich über die beiden Angsthasen.
Nur Gunter und Gerd sind ziemlich verdattert und recht kleinlaut. Über ihre dummen Gesichter muß ich noch den ganzen Abend lachen.

Auf dem Rummelplatz

Heute habe ich etwas Tolles gewonnen, und das kam so:
Nach dem Abendessen sagt Herrchen: »Elfi, ich hätte noch Lust, auf den Rummelplatz zu gehen. Kommst du mit?«
»Ja, gerne«, entgegnet Frauchen, »aber nur, wenn Billy auch mitdarf.«
Das finde ich riesig von Frauchen, daß sie mich mitnehmen will, und ich mache vor Freude einen Luftsprung.
Wir gehen los und hören schon bald die Musik, das Klingeln, Hupen und Rufen vom Rummelplatz. Was es da alles gibt! Ein Riesenrad, Losbuden, Karussells, Boxautos, Schießbuden, eine Geisterbahn und natürlich Wurstbratereien, bei denen man oft ein halbes Brötchen oder einen Wurstzipfel auf dem Boden entdecken kann. Auch Lebkuchenhäuschen sind da, hier findet

man manchmal Waffelstücke, Magenbrot oder süßes Popcorn.
Wie verführerisch das riecht! Doch Herrchen und Frauchen denken nicht daran, ein Würstchen zu essen. »Wir haben doch gerade zu Abend gegessen, Billy«, ermahnt mich Herrchen, weil ich ihn so traurig anschaue.
»Kalle, komm, wir fahren mit dem Riesenrad«, sagt Frauchen.
»Ach, nööh, lieber nicht, da wird mir jedesmal schwindlig«, wehrt Herrchen ab. »Aber Geisterbahn könnten wir fahren«, schlägt er vor.
»Das ist nichts für mich, da graust es mir immer ein bißchen«, meint Frauchen.
Inzwischen sind wir an der Schießbude angelangt. »Wer will noch mal, wer hat noch nicht?« ruft ein kleiner Mann mit roter Nase und hält Herrchen ein Gewehr hin. »Drei Schuß 'ne Mark, der Herr«, fährt er fort.
Herrchen legt eine Mark auf die Theke, zielt, schießt und … daneben! Beim zweiten Versuch trifft er das weiße Röhrchen und eine rote Plastik-

rose fällt auf den Boden. Noch einmal peng ... eine gelbe Papierblume fällt ebenfalls herunter. Galant überreicht er Frauchen seine Trophäen. »Nun wollen wir unser Glück an der Losbude versuchen«, meint er dann. Er zückt wieder seine Geldbörse, um einige Lose zu kaufen. »Jetzt bist du dran, Elfi, sechs Lose kannst du dir nehmen.«

Frauchen greift in den Eimer, den ihr eine freundliche dicke Frau mit weißem Hütchen hinhält. »Zwei für mich, zwei für dich und zwei für Billy«, zählt Frauchen lachend.

Sie wickelt die ersten Lose aus, leider nur Nieten. Bei Herrchens Losen ist eine Nummer und eine Niete, bei meinen Losen ebenfalls eine Nummer und eine Niete. »Da bin ich aber gespannt, was ihr gewonnen habt«, sagt Frauchen.
Sie verschwindet in der Menschenmenge, um die Preise abzuholen. Neugierig warten Herrchen und ich auf ihre Rückkehr.
Endlich kommt sie wieder, geheimnisvoll hält sie beide Arme auf dem Rücken versteckt. »Na, ihr Glückspilze, was glaubt ihr wohl, was ihr gewonnen habt?«
Fragend schaut Herrchen mich an und zuckt mit den Schultern.
»Billys Preis ist – eine Dauerwurst! Und du hast ein großes Lebkuchenherz mit der Aufschrift *Mein Dickerle* gewonnen!« Lachend hängt sie es Herrchen um den Hals.
Als ich zur Probe an der Wurst schnuppern darf und mir genüßlich die Lippen lecke, müssen wir alle drei lachen. Nun will ich gar nicht mehr zur Würstchenbude.

Räuber und Gendarm

Heute hab ich ein neues Spiel kennengelernt, und das kam so:
Frauchen kommt mit einem großen Blumenstrauß aus dem Garten und sagt: »Billy Backenzahn, wir besuchen meine Schwester Karin und ihre Kinder Hannes, Clara und Lena. Herrchen will die Garage aufräumen, deshalb fahren wir beide allein.« Toll – ein Ausflug mit Frauchen!
Nach einer halben Stunde Autofahrt sind wir am Ziel. Die drei Kinder begrüßen uns stürmisch. Ich werde gestreichelt, gekrault und getätschelt – aahh – wie das guttut! Das habe ich besonders gerne!
»Kommt rein, der Kaffeetisch ist schon gedeckt«, begrüßt uns Karin an der Haustür. »Elfi, sind die Blumen aber schön. Vielen Dank!« Die beiden Frauen gehen ins Wohnzimmer, während Han-

nes, Clara und Lena im Kinderzimmer verschwinden. Neugierig laufe ich ihnen nach.
»Was wollen wir spielen?« fragt Hannes, als er sich auf den Fußboden setzt.
»Mensch ärgere dich nicht«, ruft Clara.
»Nein, Schwarzer Peter!« schreit Lena, »Mensch ärgere dich nicht ist doof!«
»Schwarzer Peter ist noch viel doofer!«

Da wird es Hannes zu dumm: »Ruhe, ihr beiden Streithähne! Wir spielen etwas, bei dem Billy Backenzahn auch mitmachen kann: Räuber und Gendarm! Clara und ich sind die Räuber, und Lena ist Polizist und muß uns mit Billy als Polizeihund aufspüren.«

»Toll!« ruft Clara, aber Lena mault: »Ich will aber lieber ein Räuber sein als so ein blöder Polizist.«

»Gut, dann bin ich der Gendarm und du ein Räuber«, beruhigt Hannes seine Schwester.

Die Mädchen setzen sich Schlapphüte auf und Hannes eine grüne Schirmmütze. Clara und Lena verschwinden aus dem Zimmer, während Hannes mir erklärt: »Ich zähle jetzt bis 20, dann mußt du beweisen, daß du ein guter Spürhund bist, Billy Backenzahn.«

Auf dem Flur ist es still, nur aus dem Wohnzimmer hört man leise die Frauen reden. Ich schleiche ins Arbeitszimmer von Vater Christian, und was sehe ich unter dem Vorhang vorschauen? Ein paar rote Schuhe! Sie gehören Clara.

Hannes spricht mit ernster Miene: »Im Namen des

Gesetzes, Sie sind verhaftet«, und holt Clara aus ihrem Versteck.

Aber wo ist Lena? So sehr wir auch suchen, wir finden sie nicht. Ich trabe an Karins Nähzimmer vorbei – doch halt, war da nicht eben ein Geräusch? Vorsichtig schleiche ich hinein, schnüffle unter das Sofa und was entdecke ich? Lena!

Wütend krabbelt sie mit ihrem Schlapphut hervor und reibt sich den Kopf. »Mit dem blöden Hut stößt man sich den Kopf an, und sehen kann man auch nichts, weil der viel zu groß ist«, mault sie. »Außerdem ist es unfair, mit einem richtigen Hund Gendarm zu spielen, der riecht einen ja gleich! Wenn man sich als Räuber immer wehtut,

will ich doch lieber Polizist sein.« Sie nimmt Hannes die Schirmmütze vom Kopf, setzt sie sich auf und sieht schon wieder nichts, weil auch diese ihr viel zu groß ist.
Da müssen Hannes, Clara und ich so lachen, daß auch Lena angesteckt wird und nicht mehr wütend ist.
Es wurde noch ein lustiger Nachmittag mit den Kindern in Freiburg.

Der Kürbiskopf

Heute hat Frauchen eine tolle Idee gehabt, und das kam so:
Den ganzen Tag regnet und stürmt es. »Kalle, ein bißchen solltest du aber doch mit Billy spazierengehen«, ermuntert Frauchen mein Herrchen, als dieser sich's gerade mit der Zeitung im Sessel bequem machen will.
»Immer ich«, mault Herrchen, »der Lach-Wach-Hund könnte ja bei dem Mistwetter alleine spazierengehen!« Dann zieht er aber doch seinen gelben Anorak an, streift die Kapuze über den Kopf und los geht's.
Ich geb ja ehrlich zu, daß ich auch lieber bei Sonnenschein spazierengehe und auf der Wiese herumrenne, als mir bei so einem Regenwetter einen nassen, kalten Bauch zu holen. Deshalb bin ich auch nicht traurig, als Herrchen schon nach kurzer Zeit wieder umkehrt und sagt: »Billy Bak-

kenzahn, mir reicht's für heute. In meinen Schuhen steht schon so hoch das Wasser, daß man Goldfische darin schwimmen lassen könnte.«

Als wir nach Hause kommen, hat Frauchen den Kamin angezündet, zwei Sessel davorgestellt, eine Kanne Tee gekocht und einige Kekse in ein Schälchen gelegt. »So, ihr nassen Frösche, macht's euch vor dem Feuer bequem. Ich will nur noch meine Bastelsachen holen.«

Während Herrchen seine feuchten Sachen auszieht und sich danach mit einem erleichterten Seufzer in einen der Sessel fallen läßt, rolle ich mich vor dem warmen Kamin zusammen. Frauchen erscheint mit einem großen Korb voller Stoffreste und setzt sich in den anderen Sessel.

»Also, ehrlich, Elfi, ich finde es ja wirklich schön, daß du Hexen bastelst, aber wir haben schon vier Stück. Kannst du dir nicht mal was anderes einfallen lassen?« neckt Herrchen.

Frauchen sagt gar nichts, sondern beginnt zu nähen. Draußen stürmt es, und der Regen trommelt gegen die Scheiben, aber bei uns hier drin ist es richtig gemütlich.

Bloß Herrchen gibt keine Ruhe: »Billy, du bist mir ein schöner Wachhund! Faul vorm Kamin zu liegen, während vielleicht draußen einer ums Haus schleicht oder sich am Auto zu schaffen macht!«

»Jetzt laß uns beide bitte in Frieden, lies lieber deine Zeitung und trink deinen Tee, bevor er kalt wird, du alter Meckerfritze«, erwidert Frauchen.

Brummelnd nimmt Herrchen seine Zeitung und liest, doch schon nach wenigen Minuten ist er eingeschlafen.
Leise steht Frauchen auf, zwinkert mir zu und verschwindet in der Küche. Sie hat etwas vor, da muß ich dabei sein. Aus der Speisekammer holt sie einen großen Kürbis, schneidet den Deckel ab und beginnt, ihn mit einem Messer und einem Löffel auszuhöhlen. Es dauert fast eine halbe Stunde, dann ist sie fertig.
»So, nun kommt noch das Gesicht«, erklärt sie mir und schneidet vorsichtig Augen, eine Nase und einen großen Mund in den Kürbis. »Jetzt noch eine Kerze hinein und fertig ist der Kürbiskopf!«
Leise schleichen wir zurück zu Herrchen, der immer noch schläft.
Frauchen stellt den Kürbiskopf auf das Tischchen, zündet die Kerze darin an und räuspert sich laut. Herrchen fährt aus dem Schlaf hoch und sieht dem grinsenden, leuchtenden Kürbiskopf direkt ins Gesicht. »Huch, was ist denn das für ein Scheusal!« Entsetzt springt er aus seinem Sessel und

starrt verdattert erst Frauchen, dann mich und schließlich wieder den Kürbiskopf an. »Hab ich mich erschrocken, Elfi«, stottert er und greift sich einen Butterkeks. »Ich glaube, es ist doch besser, wenn du weiterhin deine niedlichen Hexen bastelst. Den gruseligen Kürbiskopf stellen wir zur Abschreckung ins Fenster, da traut sich bestimmt keiner auf unser Grundstück und Billy kann meinetwegen vor dem Kaminfeuer liegen bleiben.«

Als ich das höre, muß ich vor Freude schon wieder ein bißchen lachen und rolle mich zufrieden vor dem Kamin zusammen.

Volltreffer

Heute hat Herrchen ganz schön daneben gezielt, und das kam so:
Endlich hat es geschneit. Herrchen kramt eine ganze Weile im Garderobenschränkchen herum. »Wo ist bloß meine blaue Pudelmütze, Billy Backenzahn? Ich kann das doofe Ding nicht finden.« Er wühlt zwischen Handschuhen, Seidentüchern, Kappen und Mützen von Frauchen herum, bis es ihm zu dumm wird. Er zieht seinen gestreiften Wollschal aus der Unordnung, die er gemacht hat, und wickelt diesen einfach um seinen Hals und seinen Kopf. Ein bißchen komisch sieht mein Herrchen schon aus, als ob er Zahnschmerzen hätte.
Dann stapft er zum kleinen Schuppen unter den Apfelbäumen, holt die Schneeschaufel und beginnt, den Bürgersteig freizuräumen, während ich mich genüßlich im Schnee wälze. Ich mag es,

wenn Schnee liegt, man kann so herrlich darin herumtollen, und Herrchen ist immer gut gelaunt. Manchmal benimmt er sich wie ein kleiner Junge. So auch heute.

Nachdem er mit dem Schneeschippen fertig ist, fängt er an, einen Schneemann zu bauen. Er beginnt mit einem Schneeball, den er am Boden rollt, so daß daran immer mehr Schnee hängen bleibt.

»So, Billy Backenzahn«, stöhnt er nach einer Weile, als der Schneeklumpen so dick und schwer geworden ist, daß er sich nicht mehr rollen läßt, »das ist der Bauch. Jetzt kommt noch der Oberkörper und dann der Kopf.« Als er die drei riesigen Schneeballen fertig hat, setzt er sie aufeinander, zuunterst liegt der größte, darauf kommt der mittlere und oben der kleine.

Aus dem Schuppen holt er einen roten Plastikeimer und Kohlestückchen, die er als Mund und Augen in die oberste Kugel steckt. Den roten Eimer stülpt er als Hut oben drauf. »Jetzt fehlt nur noch die Mohrrübennase«, stellt er zufrieden fest, als er seine Schneeplastik kritisch begutachtet. »Die soll uns Frauchen spendieren, außerdem muß sie unbedingt unser Werk besichtigen.«

Er verschwindet im Haus, und bald darauf erscheint er mit Frauchen.

Auch diese hat sich einen Schal umgebunden und ihre grüne Häkelmütze aufgesetzt. In der rechten Hand hält sie eine große Mohrrübe. »So, nun wollen wir das Kunstwerk vollenden«, sagt sie und steckt dem Schneemann die Mohrrübe mitten ins Gesicht.

»Sieht er nicht toll aus, Elfi?« fragt Herrchen begeistert, während er einen Schneeball formt. »Es ist bestimmt der größte und schönste Schneemann weit und breit, so einen haben sicher viele Leute in ihrem ganzen Leben noch nicht gesehen!«

»Also Kalle, du bist doch kein kleiner Junge, den alle Welt bewundern muß«, lacht Frauchen und macht sich ebenfalls einen Schneeball, den sie nach Herrchen wirft. Und bald ist eine lustige Schneeballschlacht im Gange. Ich springe hoch und versuche, die Schneebälle zu fangen. Das macht Spaß!

»Ich kann nicht nur super Schneemänner bauen, sondern ich bin auch der beste Schneeballwerfer weit und breit«, ruft Herrchen nach einer Weile.
»Fängst du schon wieder an?« erwidert Frauchen und zielt mit einem besonders dicken Schneeball auf ihn.
»Jetzt werde ich dem Schneemann seinen Hut vom Kopf holen«, erklärt Herrchen und holt mächtig aus. Rumms – platsch – der Schneeball fliegt aber nicht auf den Eimer, sondern auf die Klingelknöpfe von Haus Nummer 83. Volltreffer! Nach wenigen Sekunden werden Fenster geöffnet. Frau Mammel, Herr Bohnlein und Fräulein Schickemann schauen neugierig heraus. »Ist da jemand? Wer hat denn da geklingelt? Was gibt's?«
Nun öffnet sich auch noch das Fenster von Opa Lochner.
»Kalle, willst du nicht die Leute fragen, ob sie schon jemals einen so schönen Schneemann gesehen haben?« neckt Frauchen. Aber Herrchen tut so, als wenn es ihn gar nicht gäbe. Er hat sich mit hochrotem Kopf vor Verlegenheit über seinen

Fehlwurf hinter dem Schneemann versteckt und sieht aus wie ein eierlegender Osterhase im Winter.

Als ich das sehe, muß ich schon wieder ein bißchen lachen.